Arnold Ronacher/Werner Verderber

DU BIST DAS LAND

Hymne an Kärnten

ARNOLD RONACHER · WERNER VERDERBER

DU BIST DAS LAND

HYMNE AN KÄRNTEN

VERLAG JOHANNES HEYN

Titelbild: In den Karnischen Alpen
(Blick vom Valentintörl nach Osten)

Reproherstellung: Sochor GesmbH., Zell am See
Druck: Druckzentrum GmbH. St. Veit/Glan, Klagenfurt, Villach
Klagenfurt, 1995
ISBN 3 85366 792 9

Du bist das Land …

Immer wieder drängte es mich, ein größeres Preislied auf Kärnten zu schreiben. Aber wie soll man mit wenigen Worten all die Schönheit und die Mannigfaltigkeit unseres Landes schildern? Hymnen an Kärnten gibt es ja unzählige; stets hat dieses herrliche Land auch die großen heimischen Meister unserer Sprache inspiriert. Doch auch sie konnten immer nur einige Besonderheiten aufzeigen. So war ich mir bewußt, daß es mir nicht anders ergehen würde. Um aber möglichst viel von all dem zu erfassen, was wir mit Kärnten verbinden, begab ich mich auf eine geistige Wanderung. Dabei stieß ich auf eine solche Vielfalt, daß mir die Auswahl schwerfiel. Ich spürte den Flüssen des Landes nach, den Seen, den Bergen, den Städten, den Sehenswürdigkeiten und historischen Stätten, aber auch den Symbolen des Landes, seinen Liedern und seinen Menschen. Und so wie alle Wasser Kärntens zur Drau hin fließen, so münden schließlich alle diese Details in einem wunderbaren Ganzen: Kärnten.

Ein Preislied sollte es werden; 60 Sonette sind es geworden. Eigentlich müßten es viel, viel mehr sein; aber selbst wenn es tausend wären, sie würden niemals all die Vielfalt unseres Landes umfassen.

Mein besonderer Dank gilt Herrn Werner Verderber für die eindrucksvollen Farbfotos, mit denen er diese „lyrische Heimatkunde“ so vortrefflich bereichert hat, ebenso aber auch dem Verlag Heyn für die prächtige und großzügige Ausstattung dieses Werkes und Frau Ida Weiss für ihre tiefgreifenden „Gedanken zur Hymne an Kärnten“.

Hermagor, im Frühjahr 1995
Arnold Ronacher

Gedanken zur „Hymne an Kärnten"

Vor uns liegt das Gemeinschaftswerk eines Autors und eines Fotografen, die es meisterhaft verstanden haben, die Besonderheiten und Schönheiten Kärntens in Wort und Bild darzustellen.

»In Ihrem Metier gibt's seit Generationen keine Abstrahierung, wie man sieht«, sagte ich vor Jahren bei einem Werkstattbesuch zu einem damals sehr jungen, heute sehr angesehenen Ferlacher Graveur. »Nein«, war die Antwort, »Wild und Wald bleiben Wild und Wald. Das und überhaupt alles, was ich gern habe, werde ich nie abstrakt abbilden.«

OSR Arnold Ronacher aus Hermagor schreibt alles, was er gern hat, nicht mit dem Graveurstichel in harten Stahl, sondern mit der Schreibmaschine auf Papier. Aber ebenfalls wirklichkeitsnah. Haben Sie sich schon einmal Gedanken darüber gemacht, wie weit der Bogen der Meisterschaft darin gespannt werden kann? Hier spüren Sie es.

Kärnten, das Land, das er »im Herzen trägt«, ist für den bekannten Autor sein Land und seine lebenslange Liebe. In einer beachtlichen Reihe von Einzelhymnen hat er im vorliegenden Band »Du bist das Land« eine Hymne an Kärnten geschaffen, die einzelne örtliche Gegebenheiten, Flüsse, Berge, Seen, markante Bauwerke, Bräuche, Städte u.v.a. vorstellt. Aus dem imposanten Gesamtbild lassen sich – mosaiksteinchengleich – sehr viele Abschnitte herauspicken und bei entsprechenden örtlichen Feierstunden verwenden.

Daß »der Väter Opfermut und Treu« in bezug auf den Abwehrkampf nicht ausgespart wurde und ähnliche Passagen auf das heurige Landesjubiläum hinweisen, läßt die unseren windischen Landsleuten hingereichte Hand nicht übersehen.

Von Arnold Ronacher wissen wir auch, daß er als begeisterter Bergsteiger viele Gipfel bezwungen hat und als einstiger Gauchorleiter des Sängergaues Gailtal die alten und neueren Liedschöpfungen durch sein Gemüt und durch das seiner Sängerinnen und Sänger ziehen ließ. Seinem weitverzweigten Leser- und Hörerkreis hat er viele Bücher in Schriftdeutsch und Mundart, nicht zuletzt als Dokumente der ehrwürdigen alten »Gailtaler Sprach«, geschenkt.

»Du bist das Land« – eine im besten Sinne stets Gültiges bewahrende, von A bis Z »schöne« Hymne an Kärnten. Wenn man bedenkt, wieviele Millionen in unserer heutigen abstrakten Gegenwart Versteigerungen von sehr alten naturalistischen Gemälden einbringen und daß im Leben alles wiederkommt, wenn man die Zeit und die Kondition hat, darauf zu warten, so kann man Autor, Fotografen und Verlag das Kompliment machen, mit diesem Werk auch für die Zukunft gearbeitet zu haben.

Hervorragend ausgestattet wurde dieser Band durch prachtvolle Farbfotos von Werner Verderber aus Hermagor. Verderber ist nicht nur Berufsfotograf, ihm ist sein Beruf auch Lebensinhalt. Vor die nicht ganz leichte Aufgabe gestellt, zu den einzelnen Sonetten von Arnold Ronacher die passenden Motive zu finden, hat der um eine Generation Jüngere mit großem Fleiß und künstlerischem Spürsinn diese Herausforderung angenommen und Bilder abseits vom Alltäglichen geschaffen. Wie Arnold Ronacher ist auch Werner Verderber ein begeisterter Bergsteiger und langjähriger Sänger und Chorleiter. Diese Gemeinsamkeiten mögen wohl auch dazu beigetragen haben, daß den beiden ein so eindrucksvolles Werk gelungen ist.

Klagenfurt, im Mai 1995
Ida Weiss

Kärnten

Du bist das Land, das ich im Herzen trage;
mit jedem Pulsschlag fühl' ich dich im Blut.
Bis sanft mein Leib in deinem Schoße ruht,
will ich dich preisen alle meine Tage.

Du bist das Land, das mich das Lächeln lehrte;
dein mildes Antlitz nahm von mir die Last
und lud mich ein zu heimatlicher Rast,
sooft ich aus der Fremde wiederkehrte.

So war es einst, so soll es stets auch bleiben.
Und immer mehr wird es mir offenbar:
Wohin mich auch des Schicksals Wogen treiben,

im Glücksgefühl, in Stunden der Gefahr,
in tiefer Ehrfurcht will ich's niederschreiben:
Ich bleib ein Stück von dir für immerdar.

Gailtal mit Pressegger See
»... und lud mich ein zu heimatlicher Rast ...«

Kärntner Wappen

Du bist der Schild für unsres Landes Ehre,
das hohe Sinnbild unsrer eig'nen Kraft.
Wach' weiterhin, daß niemals sie erschlafft
und sie auch künftig allen Feinden wehre!

Verleihe auch an kommende Geschlechter
die dreifach Stärke deiner kühnen Leu'n;
laß auch die Enkel noch dem Land sich weih'n,
und sei auch morgen unser treuer Wächter!

Dein blankes Weiß sei Zeichen für das Wahre,
dein leuchtend Gelb für unsern heitern Sinn;
dein Rot die Mahnung an das Blut bewahre

all jener, die für dich einst sanken hin,
daß auch die Jugend sich noch um dich schare,
so wie auch ich dein treuer Diener bin!

Kärntner Wappen
»... daß auch die Jugend sich noch um dich schare ...«

Drau

Du bist uns mehr als Wasserlauf und Welle,
du Ader, die des Landes Herzblut trägt.
So wie das Herz in unserm Lande schlägt,
so pocht dein Pulsschlag in des Stromes Schnelle.

An deinen Ufern weiden unsre Seelen,
und jede Wurzel saugt aus dir die Kraft;
in deiner engvertrauten Nachbarschaft
verdurstet keine unsrer trock'nen Kehlen.

Wo immer auch im Land die Quellen springen,
du lockst sie alle sicher für und für.
Ob tausendfältig auch die Bäche singen,

dein Rauschen mahnt, daß keiner sich verlier'.
Zum letzten Brunnen deine Rufe dringen,
und alle Wasser fließen hin zu dir.

Drau bei Ferlach
»... an deinen Ufern weiden unsre Seelen ...«

Gail

Du bist Tirolererde leis' entsprungen,
um deine Wiege weht Tirolerwind.
Und doch bist du ein echtes Kärntnerkind,
sobald dein erster Kärntnerlaut erklungen.

Durchs Lesachtal mit seinen steilen Hängen
suchst du tief unten deinen stein'gen Weg,
und unter Brücken, manchem schmalen Steg
mußt du dich durch die engen Schluchten zwängen.

Dann aber weiten sich vor dir die Fluren.
Doch wehe, wenn dein wilder Sinn erwacht!
Die Fluten, vor sich schiebend Sand und Muren,

sie künden lange noch von deiner Macht,
bis dann die Zeit verwischt die letzten Spuren
und deine Schwester Drau dir Ruh' gebracht.

Im Gailtal bei Weidegg
»... bist du ein echtes Kärntnerkind ...«

Möll

Du bist als Kind dem ew'gen Eis entflohen.
Wo König Glockner stolz zur Höhe ragt,
hast du die ersten Schritte kühn gewagt,
wenn Berge dich auch ringsumher bedrohen.

Ein spitzes Kirchlein grüßt dich bald vom Hange
und winkt dir nach auf deiner Wanderschaft;
du aber eilest fort mit wilder Kraft
in deinem rastlos jugendlichen Drange.

Dein Weg ist weit, du mußt dich mehrmals winden;
du weißt erst lange nicht so recht wohin.
Doch seh' ich niemals deine Kräfte schwinden

trotz deiner langen Reise großen Müh'n,
bis in die Drau dann deine Wellen münden
und dir der weite Umweg ist verzieh'n.

Möll bei Putschall
»... du aber eilest fort mit wilder Kraft ...«

Lieser

Du bist, erlöst von finsteren Gewalten,
ein freies Kind, von Edelweiß umblüht.
Die Lieserwand singt dir dein Wiegenlied,
das widerhallt von kühnen Berggestalten.

Des Torbachs Rauschen deinen Weg begleitet;
der Hafner winkt dir nach zum Lanischfall,
wo du hinabstürzt in das Pöllatal,
bis sich im Katschtal das Gefilde weitet.

Im dunklen Graben du dem Blick entschwindest,
bis dich ein Städtchen grüßt im Sonnenglast
und du dich weiter durch die Enge windest

auf deinem Weg in ungestümer Hast.
Erst in der Drau du deine Ruhe findest,
die von dir nimmt der langen Reise Last.

Im Pöllatal
»... erlöst von finsteren Gewalten ...«

Malta

Du bist entsprungen in den freien Höhen,
in Alilantis Karen ew'gem Schnee;
doch seh ich dich gebändigt in dem See,
wo dich der Hochalm Stürme kalt umwehen.

Eh man dich läßt die weitern Wege nehmen,
hat, da man deine Urgewalt erkannt,
dich hinter hohen Mauern festgebannt,
um deine ungestüme Kraft zu zähmen.

Wo ist die Zeit, da deine Wasser sprangen?
Was hat man, Stolze, dir nur angetan?
Nie wieder werden deine Fälle prangen.

Sooft wir uns auch deinen Ufern nah'n,
wir sehen dich betrogen und gefangen,
gedemütigt vom eitlen Fortschrittswahn.

Kölnbreinsperre im Maltatal
»… hinter hohen Mauern festgebannt …«

Gurk

Du bist die freie Tochter unsrer Nocke,
vom Lattersteig und Gurksee froh begrüßt,
bis du in tiefere Gefilde fließt,
begleitet vom Geläut der Herdenglocke.

Doch ist dir eine Enge noch beschieden,
eh du den altehrwürd'gen Dom erschaust.
Von deinen klaren Wellen sanft umbraust,
schickt mit er auf den Weg dir Heil und Frieden.

Die lange Reise ließ dein Wasser zügeln.
So trittst du ein ins well'ge Unterland,
und ringsumher von allen Höh'n und Hügeln

schau'n stolze Burgen weit herab ins Land,
die sich in Seen und in Teichen spiegeln,
von Kärntens Himmel lieblich überspannt.

Die Straßburg im Gurktal
»... schau'n stolze Burgen weit herab ins Land ...«

Metnitz

Du bist von waldumkränzten grünen Triften,
hoch von der Flattnitz weltentrückter Höh'
geheimnisvoll enteilt gleich einer Fee,
umsäuselt von des Nordgau's sanften Lüften.

Dein Weg ist kurz, dir ist kein langes Bleiben,
kein Rasten auf der Wanderschaft vergönnt;
erst draußen, wo sich breit der Boden dehnt,
wirst du geläutert nach dem hast'gen Treiben.

Dem alten Karner bist du rasch entschwunden,
zum Burgenstädtchen noch ein flücht'ger Blick,
dann bist du endlich frei und ungebunden.

Doch währt nicht lange dein errung'nes Glück.
Schon bald hast du dein nahes Ziel gefunden;
bei Pöcksteins Schloß erfüllt sich dein Geschick.

Metnitz
»… dem alten Karner bist du rasch entschwunden …«

Glan

Du bist bescheiden, und zu beiden Seiten
wiegt dich kein hoher Berg im Kindheitstraum;
jedoch begleiten deines Ufers Saum
die stummen Zeugen längst vergang'ner Zeiten.

Gar manche Burg blickt stolz auf dich hernieder;
die alte Herzogstadt nickt froh dir zu;
das weite Zollfeld liegt in stiller Ruh
und wiegt dich ein durch seine sanften Lieder.

Doch dann umringt dich plötzlich reges Leben,
wenn Kärntens Metropole dich umschlingt
und du, von Hast, Geschäftigkeit umgeben,

das letzte Stück des Weges leicht beschwingt
beginnst, dem letzten Ziele zuzustreben,
bis in der Gurk dein leises Lied verklingt.

Schloß Frauenstein
»... begleiten deines Ufers Saum
die stummen Zeugen längstvergang'ner Zeiten ...«

Görtschitz

Du bist, wo andachtsvoll die Wälder schweigen,
enteilt dem Hörfeld in der grünen Mark.
Im Kärntnerland jedoch wirst du erst stark;
bald mußt du hier auch deine Kräfte zeigen.

An deinen Ufern pochten einst die Hämmer.
Wo man nach Eisen grub in Norikum,
ist's in den Hütten ringsum heute stumm,
und an den Hängen weiden friedlich Lämmer.

Die Kraft jedoch weicht nicht von deinen Seiten;
ein neuer Geist beflügelt deinen Sinn.
Laß von der Ruhe dich nur nicht verleiten!

Bewahr den Glauben an den Neubeginn
und führe deine Wellen wie vorzeiten
zur Gurk, zu deiner großen Schwester, hin!

Reiftanz in Hüttenberg
»... wo man nach Eisen grub in Norikum ...«

Vellach

Du hast die Eigenwilligkeit geliehen.
Von Kärntens Mittag an des Seebergs Wacht
strebst du als einzige gen Mitternacht,
als wolltest du der Grenze rasch entfliehen.

Laß dir nur von dem alten Markt erzählen,
vom Eisen und der fremden Säumer Schar,
von Türkennot und wie es einstmals war,
von fernen dunklen Zeiten und von lichten.

Versuchen auch die letzten hohen, steilen
und fels'gen Rücken dir verwehr'n den Blick,
für dich gibt es kein längeres Verweilen,

auch deine Wasser schauen nicht zurück.
Ich seh dich munter fröhlich weitereilen,
bis in der Drau gefunden du dein Glück.

Maria Dorn in Eisenkappel
»... laß dir vom alten Markt erzählen ...«

Lavant

Du bist, umrauscht von dunkelgrünen Wäldern,
vom hohen Zirbitzkogel treu bewacht,
mit Anmut von der grünen Mark bedacht,
eh es dich hinzieht nach den lichten Feldern.

Das Kärntnerland scheint dir erst nicht zu trauen.
Die Berge drängen eng an dich heran,
bis freundliche Gefilde sich dir nah'n
und du begrüßt wirst von Pomonens Auen.

Wo ist dein Silberglanz von einst geblieben,
wenn du des Landes Paradies durchfließt,
wie es in unserm Heimatlied beschrieben?

Beladen und enttäuscht du weiterziehst,
von Unrast und von Fernweh angetrieben,
bis Mutter Drau auch deinen Weg beschließt.

Im Lavanttal
»… bis freundliche Gefilde sich dir nah'n …«

Wörther See

Du bist der größte unserer Smaragde
und deiner Würde dir auch wohl bewußt,
erfülltest jeden stets mit heller Lust,
der sich an deine grünen Ufer wagte.

Mit deiner Anmut lockst du all die Gäste
aus nah und fern an deinen sonn'gen Strand.
Wie überall in unserm Kärntnerland
versteht zu feiern man hier frohe Feste.

Und doch umraunt geheimnisvoll die Kunde
dein heit'res Bild aus längst verklung'ner Zeit.
Von einer Stadt, tief unten auf dem Grunde,

dringt uns ans Ohr ein seltsames Geläut.
Und dort beim Schwarzen Felsen klingt manch Stunde
ganz leis das Lied von Liebe und von Leid.

Beim Schwarzen Felsen am Wörther See
»... und doch umraunt geheimnisvoll die Kunde ...«

Ossiacher See

Du bist, umkränzt von lieblich sanften Höhen,
ein blankes Auge in dem lichten Hain,
ob dich umkost der helle Sonnenschein,
ob über dich des Herbstes Winde wehen.

Das alte Stift mit seinen grauen Mauern
ruft alle Freunde her von fern und nah
zum Fest der Musen in Carinthia.
Du hast gelernt, die Zeit zu überdauern;

wo Boleslav einst seine Schuld gebüßt,
regt neues Leben sich und neuer Sinn.
Vom Hügel stolz des Landes Krone grüßt

weit über deine grünen Wellen hin.
Wer hier verweilt, des Alltags Müh' vergißt,
wenn hoch die Falken ihre Kreise zieh'n.

Am Ossiacher See
»… umkränzt von lieblich sanften Höhen …«

Millstätter See

Du bist, beschirmt von hohen Bergesrücken,
des Oberlandes leuchtendes Juwel.
Sooft ich deine Ufer auserwähl',
vermagst aufs neue du mich stets beglücken.

Den sanften Nocken ruhst du breit zu Füßen;
du lächelst in dem hingestreckten Tal,
wenn dich umspielt ein milder Sonnenstrahl,
auch wenn dich rauh die Tauernwinde grüßen.

Im Kloster unter seiner alten Linde
raunt ein Jahrtausend leis aus dem Geäst.
Aus mächt'gem Stamm und tiefgefurchter Rinde

ersteht vor uns der Ordensritter Fest,
bis froher Vogelsang im sanften Winde
uns die Vergangenheit vergessen läßt.

Millstatt
»... raunt ein Jahrtausend leis aus dem Geäst ...«

Weißensee

Du bist, umragt von jähen, schroffen Gipfeln,
tief eingebettet wie ein stiller Fjord.
Froh und beschwingt trägt mich der Nachen fort,
vom lichten Saum hin zu den dunklen Wipfeln.

Bunt schmiegen sich die Weiler an die Lehnen.
Doch bald empfängt mich tiefe, heil'ge Ruh;
nur Wälder schauen andachtsvoll mir zu,
die sich wie wir uns nach dem Schweigen sehnen.

Im kühlen Winde wende ich die Blicke
hin gegen Abend, wo dereinstens stand
die altersgraue, ehrwürdige Brücke,

die lange treu die Ufer hier verband.
Ein Adler kreist hoch über mir. Ich nicke
und lausche stumm, von Schönheit übermannt.

Am Weißensee
»… tief eingebettet wie ein stiller Fjord …«

Großglockner

Du bist der Dom, geformt aus Fels und Firnen,
vom Schöpfer hingestellt ins Himmelsblau,
bleibst Majestät, wenn auch der Nebel Grau
und Stürme deinen blanken Mauern zürnen.

Hoch über Karen, Gipfeln, Felsengraten
erreicht dich nicht der Täler Dunst und Qualm,
ein Unberührter, bis Graf Niklas Salm
dir deine Krone nahm durch seine Taten.

Bleib immer du der Heimat höchste Zinne,
mag an dir nagen auch der Zeiten Zahn!
Wer immer auch mit dir den Kampf beginne,

mag ehrfurchtsvoll sich deinem Gipfel nah'n,
ob Stüdlgrat, Pallavicinirinne:
an deinem Kreuz zerbricht der Täler Wahn.

Großglockner vom Kleinglockner
»... mag ehrfurchtsvoll sich deinem Gipfel nah'n ...«

Pasterze

Du bist ein Strom, umkränzt von Bergesriesen;
aus deiner Tiefe gähnt das grüne Eis.
An deinen Ufern leuchten Edelweiß
und blanker Fels statt lieblich sanfter Wiesen.

Du liegst gleich einem Raubtier auf der Lauer,
entsendest einem Späher gleich die Möll.
Nicht ewig ruhst du so an dieser Stell';
du hast Geduld und weißt um deine Dauer.

Jahrtausende sind für dein Walten Stunden.
Und weh', wenn deine alte Kraft erwacht,
wenn du der Fessel frei und ungebunden,

die Urgewalten einmal sind entfacht!
Hast du erst deinen alten Weg gefunden,
trotzt keines Menschen Werk mehr deiner Macht.

Pasterze
»… aus deiner Tiefe gähnt das grüne Eis …«

Heiligenblut

Du bist, als wärst du immer schon gewesen
ein Stück von deiner hehren Bergeswelt,
der Majestät, dem Glockner zugesellt.
Manch kranke Seele könnt' an dir genesen.

Von deinen Bergen blinken helle Firne,
dein spitzer Turm winkt mir von weitem zu.
Wo einst auch Briccius fand Rast und Ruh',
kühl ich nach froher Bergfahrt mir die Stirne.

Strebt alles auch an dir zu lichten Höhen,
bewahre dir die Bodenständigkeit!
Solang noch Bauern deine Hänge mähen,

hat dich noch nicht zerstört die neue Zeit.
Laß nur um dich die Tauernwinde wehen
und halte rein dein herrlich stolzes Kleid!

Heiligenblut mit Großglockner
»... strebt alles auch an dir zu lichten Höhen ...«

Tiroler Tor

Du bist die Pforte in die kärntischen Gefilde.
Wer immer, ostwärts wandernd, dich betritt,
verhält erstaunend seinen müden Schritt,
ergriffen von dem wundersamen Bilde.

Jäh stürzen der Unholden fels'ge Flanken
herab ins Tal zum Bett der jungen Drau;
hoch steilt Hochstadels Haupt ins Himmelsblau
und weist den wilden Fluß in seine Schranken.

Hell glänzt die alte Burg im Sonnenstrahl,
grüßt froh den Gast und wehrt wohl auch dem Feind,
daß allzeit Friede walte überm Tal.

Verweile, Wanderer, hier bist du Freund!
Genieß den Ort, wo dir zum erstenmal
auf deinem Wege Kärntens Sonne scheint!

Tiroler Tor
»... wo dir zum erstenmal auf deinem Wege
Kärntens Sonne scheint!«

Hochalmspitze

Du bist wie eine Krone über weiten,
einsamen Karen. Wie ein Hermelin,
das gnäd'ge Götter dir vorzeiten lieh'n,
die Firne sich um deine Schultern breiten.

Von wo auch immer wir dein Reich betreten,
wenn wir uns deinen kühnen Graten nah'n,
bewundernd blicken wir zu dir hinan,
wenn sich am Morgen deine Firne röten.

Hat man auch manches Kleinod dir entrissen,
so bleibst du doch von Adel, stolz und kühn,
und alle, die um deine Schönheit wissen,

die zieht es immer wieder zu dir hin,
um ehrfurchtsvoll dir deine Stirn zu küssen,
dir, Haupt voll Würde, Tauernkönigin.

Hochalmspitze vom Hochalmblick
»... Haupt voll Würde, Tauernkönigin.«

Fallbach

Du bist ein Standbild, das sich stets erneuert,
ein lebend' Sinnbild urgewalt'ger Kraft,
bist stetig hier und doch auf Wanderschaft,
auf deiner jähen Fahrt von Gott gesteuert.

Du scheinst aus einer andern Welt zu fallen,
strebst selbst im Sturze wieder himmelan
und kehrst zerstäubt zurück in deine Bahn,
läßt rings im Fels dein Tosen widerhallen.

Du webst aus Gischt dir einen weißen Schleier,
gleich einer Braut im jungfräulichen Kleid.
Es scheint unendlich deine Hochzeitsfeier.

Dein altes Lied rauscht hin durch Raum und Zeit.
Und doch kreist hoch auch über dir ein Reiher,
und auch sein Name heißt: Vergänglichkeit.

Der Fallbach im Maltatal
»... du scheinst aus einer andern Welt zu fallen ...«

Gmünd

Du bist, umgürtet von den grauen Mauern,
die stolze Feste an der Lieser Strand,
wo diese mit der Malta sich verband,
behütet von dem hellen Firn der Tauern.

Der Sonnblick schaut in deine alten Gassen
her übers breite Tal im Sonnenglanz,
und rings um dich der dunkelgrüne Kranz
der Nocke, die dich anmutsvoll umfassen.

Bedächtig trete ich aus deiner Mitte
hinaus ins Freie durch das dunkle Tor
und lenke ganz behutsam meine Schritte

den steilen Hang zur alten Burg empor.
Als wollt' erzählen er von Vätersitte,
umbraust der Tauernwind mein lauschend' Ohr.

Alte Burg zu Gmünd
»... umgürtet von den grauen Mauern ...«

Lurnfeld

Du bist das Forum unserm Oberlande,
und alle Täler führen hin zu dir,
die du seit jeher schon mit viel Gespür
umschlingst mit einem einigenden Bande.

Vorzeiten schon war Großes hier geschehen.
Geheimnisvoll weist uns ein Mosaik
in längst vergang'ne Zeiten weit zurück,
wo wir auf altehrwürd'gem Boden stehen.

Jahrhunderte war's Schicksal dir gewogen,
und tapfer hielt'st du allen Stürmen stand,
bis dann des Krieges Fackel kam geflogen,

Teurnia versank in Schutt und Brand.
Doch junges Leben kam ins Land gezogen
im neuen Forum dort am Lieserstrand.

Lurnfeld vom Tschiernock
»… Vorzeiten schon war Großes hier geschehen …«

PORTIA aut PORCIA
EX SANGVINE REGUM TROIANORUM
ET SICAMBRORUM
PROGENITUS

Schloß Porcia

Du bist mit streng gegliederten Fassaden
ein Fremdling zwar und doch von uns ein Teil;
es spricht aus dir, sooft ich hier verweil',
des Südens Genius aus den Arkaden.

Verständnisvoll hat man dich eingebunden
in unser Wesen und in unser Glück;
in alten Räumen ruht manch altes Stück,
das hier die letzte Heimstatt hat gefunden.

In deinen Hallen aber regt sich Leben;
der Mimen Spiel beschwingt die Phantasie,
läßt unsern Geist zur freien Höhe schweben,

und von der Lieder holder Melodie
sich unsre Herzen freudevoll erheben
ins Reich der Muse und der Harmonie.

Schloß Porcia in Spittal an der Drau
»... es spricht aus dir des Südens Genius aus den Arkaden ...«

Wolayersee

Du bist ein blankes Auge ferner Meere,
durch Gottes gütig Wort hieher entrückt.
Ich bin aufs neue stets von dir entzückt,
sooft ich an dein Ufer wiederkehre.

Es spiegelt sich in deinen klaren Wellen
der stolzen Hohen Warte ew'ger Firn,
und trotzig bieten Gipfel ihre Stirn,
die sich wie treue Wächter um dich stellen.

Steil winden sich zu dir empor die Pfade,
doch ist dein Anblick Lohn für Müh' und Schweiß.
Und lädst den Wand'rer du auch nicht zum Bade,

bist du doch Glück für den, der um dich weiß.
Es leuchten deine sonnigen Gestade,
als lächelten sie zu des Schöpfers Preis.

Wolayersee gegen Rauchkofel und Valentintörl
»... ein blankes Auge ferner Meere ...«

Plöckenpaß

Du bist das Felsentor zum welschen Süden,
vom Kleinen Pal und vom Cellon bewacht.
Wo Krieg und Tod einst tiefes Leid gebracht,
liegt über Gräbern heut' der Berge Frieden.

Jahrtausende hier an den Steinen kleben;
Veneter, Römer fanden ihren Pfad
herauf zu dir auf deinen engen Grat,
erfüllten deine Spur mit regem Leben.

Hoch über mir des Südens Himmel blaut;
ich stehe hier am steilen, schroffen Hang.
Von Norden grüßt die alte deutsche Maut,

und an mein Ohr dringt leiser Glockenklang
herauf von Mittag, Pilgern wohlvertraut,
vom Alten Gott im Tal von Tischlwang.

Plöckenpaß mit Cellon und Kollinkofel
»Du bist das Felsentor zum welschen Süden …«

Wulfenia

Du bist nicht so wie all die andern vielen,
du bist auch nicht ein Kind aus unsrer Zeit;
du bist lebendige Vergangenheit,
die allerletzte einstiger Gespielen.

Verborgen träumtest du die langen Tage;
man wußte nichts von deines Daseins Rand,
bis einstens dich Franz Xaver Wulfen fand
und dich erweckt' in deinem lichten Hage.

Nun wurdest du berühmt. Die Menschen kamen,
bestaunten dich in deinem stillen Hain;
man preßte dich in Wissenschaft und Rahmen.

Du aber liebst nicht diesen lauten Schein.
Und weil du anders bist in Schöpfers Namen,
bliebst unter deinesgleichen du allein.

Wulfenia – Kärntens blaue Blume vom Gartnerkofel
»... weil du anders bist in Schöpfers Namen ...«

Hermagor

Du bist ein Städtchen zwar wie viele andre,
und doch gabst du mir mehr, du stiller Ort;
aus jedem Stein klingt mir vertraut ein Wort,
wenn ich durch deine alten Gassen wandre.

Und will die weite Welt mit Sensationen
bedrängen dich in ungestümer Hast,
bewahr' dein Wesen deinem treuen Gast
und allen, die in deinen Mauern wohnen!

Mag auch der Sturm der Zeit dich wild umbranden!
Welch hohes Glück, daß ich dich nie verlor!
Wer kennt die vielen, die hier Ruhe fanden?

Halt weiterhin die Stetigkeit empor
am letzten Grenzsaum vor den deutschen Landen,
mein altes, trautes, liebes Hermagor!

Hermagor mit Gartnerkofel
»... aus jedem Stein klingt mir vertraut ein Wort ...«

Dobratsch

Du bist der Pfeiler in des Landes Mitte,
der hohe Pol, von Bergen rings umkreist;
wohin auch immer du die Flanken weist,
reicht lohnt dein Blick des Wandrers müde Schritte.

Mit trunk'nen Augen schau ich in die Runde,
steh ich auf deines Gipfels schroffen Höh'n –
ringsum mein Kärnten; Berge, Täler, Seen! –
und danke Gott für die begnad'te Stunde.

Ich schließe kurz nur meine Augenlider.
Jäh stürzt der Abgrund gegen Mittag hin;
hier brach dein Fels einst auf die Fluren nieder,

als Urgewalten dir den Schrecken lieh'n. –
Doch heute scheint die Sonne auf dich wieder.
Zwei Kirchlein hoch am Grat – dir ist verzieh'n.

Windische Kirche am Dobratsch
»... jäh stürzt der Abgrund gegen Mittag hin ...«

Dreiländerecke

Du bist ein Mahnmal unter deinesgleichen,
an dir bewährt sich unser Kontinent.
Wenn anderswo die Grenze Völker trennt,
hier will man friedlich sich die Hände reichen.

In deinem Hain berühr'n sich die Kulturen:
Germanen, Slawen kommen sich hier nah,
und dort Romanen, und wohin ich sah,
erinnern überall der Völker Spuren.

Die wilden Stürme sind hier längst verflogen;
versöhnend blickst zurück du ohne Groll;
geglättet sind die ungestümen Wogen.

Wir alle zahlten oft des Schicksals Zoll.
Mög' auch in Zukunft hier der Freundschaft Bogen
uns alle überspannen hoffnungsvoll!

Blick von der Dreiländerecke gegen Villach
»… hier will man friedlich sich die Hände reichen …«

Klagenfurt

Du bist des Kärntnerlandes Metropole,
von Kaisers Gnaden einstens auserseh'n.
Doch wird auch dir die Zeit nicht stille stehn;
blüh' weiter fort zu deiner Bürger Wohle!

Halt weiterhin die treue Wacht im Süden,
wo nah die Grenze zu dir niederschaut!
Des Landes Schicksal ist dir anvertraut,
das Glück bewahre allzeit dir den Frieden!

Dein klarer See und ringsum dein Gelände
von sattem Grün und blauer Hügel Rand,
sie strecken weithin aus die Freundeshände.

Und dort im Saal an altehrwürd'ger Wand
verkünden mahnend Wappen hoher Stände
die Freiheit und die Einheit für das Land.

Klagenfurt, des Kärntnerlandes Metropole
»… von sattem Grün und blauer Hügel Rand …«

Lindwurm

Du bist nicht Fleisch; aus grauem Fels gehauen,
spricht stumm aus dir die längst verklung'ne Zeit.
Aus weiten Sümpfen steigt Vergangenheit,
um die gespenstisch düst're Nebel brauen.

Doch wo allmählich sich das Ufer gründet,
da wuchtet plötzlich trotzig steil ein Turm,
im Pfühle wälzt abscheulich sich ein Wurm,
der, um sich schlagend, sich am Haken windet. –

Nun ist es still. – Der Drache liegt erschlagen.
Ein Keulenschlag, von Herkules geführt,
hat uns befreit von fernen Lindwurmplagen.

Wenn heute auch sich deine Spur verliert,
gib uns die Kraft, daß niemals wir verzagen,
wo immer Furcht an unsre Seele rührt!

Der echte Lindwurm blieb der Kamera 1995 verborgen
»... aus weiten Sümpfen steigt Vergangenheit ...«

Villach

Du bist die Klammer, die die Ufer bindet.
Des Stromes Wasser sind dein Elixier;
denn jede Welle singt ein Lied von dir,
eh sie sich deinem milden Blick entwindet.

Du bist die Brücke, wo man sich begegnet:
der heit're Süden und der ernste Nord,
den Westen trägt die Drau nach Osten fort.
Dein frohes Antlitz ist von Gott gesegnet.

Du wärest längst zur Residenz erkoren,
hätt' Fürstenstreit dich einstmals nicht entthront;
doch blieb dein hoher Sinn dir unverloren.

Wer je in deinen Mauern hat gewohnt,
ob zugewandert oder hier geboren,
er ward von deiner Güte reich belohnt.

Villach, Heilige-Kreuz-Kirche
»... wo sich begegnen der heit're Süden und der ernste Nord ...«

St. Veit

Du bist des Landes einst'ge Zitadelle,
umraunt von manch geheimnisvoller Mär.
Hoch ragen deine Burgen um dich her,
zu schirmen dich vor jeder hohen Welle.

Als dich der Fürst zur Residenz einst kürte,
mag es wohl sein, daß er antiken Hauch,
gepaart mit altem christlich-frommen Brauch,
vom nahen Forum von Virunum spürte.

Noch heute webt um dich an allen Ecken
der Eppensteiner Ehr' und Spanheims Ruhm.
Sie schlafen nur, die edlen, tapfern Recken;

doch blieb ihr Geist durch all die Zeit nicht stumm.
Er will die Träumer aus dem Schlafe wecken
für dich und für dein stolzes Herzogtum.

St. Veit an der Glan, Rathaus
»Du bist des Landes einst'ge Zitadelle …«

BLUMENSTUBE ERNI
Kränze Gestecke u. Brautsträuße
OBERSTEINER

Friesach

Du bist wie eine Burg, der Zeit entragend,
nach außen stolz, doch still in dich gekehrt,
mit Graben, Mauern, Türmen wohlbewehrt,
dein großes Gestern in das Morgen tragend.

Von droben schau'n in deine alten Gassen
hie Geiersberg und drüben St. Vergil,
und Petersberg mit seinem frohen Spiel
erzählt von Liebe dir und blindem Hassen.

Noch geistern Ritter in den alten Räumen
mit Schwertern und geschlossenem Visier,
als könnten heut' sie ihre Zeit versäumen,

bis Herzog Bernhard ruft zum Festturnier. –
Ich fahr' erschreckt aus meinen schweren Träumen,
und nur der Wind pfeift durch die off'ne Tür.

Friesach mit Petersberg und St. Vergil
»... wie eine Burg, der Zeit entragend ...«

Dom zu Gurk

Du bist zu Stein gewordene Legende,
zu künden Gottes Ehr' und Gottes Macht,
von frommem Geist in edle Form gebracht,
erstarrtes Flehen gnadenreicher Hände.

Hoch ragen deine Türme, gleichsam Wächter
aus einer längst verklung'nen, fernen Zeit,
zu hüten Väterart und Frömmigkeit
für uns und für die kommenden Geschlechter.

In deiner Krypta hundertfält'gem Bogen
strömt auf mich ein der sel'gen Hemma Ruh',
die starken Mauern brechen alle Wogen.

Noch klebt der Staub an meinem Wanderschuh.
Ich atme frei, von keiner Last betrogen,
und Raffael Donner nickt mir gütig zu.

Dom zu Gurk
»... erstarrtes Flehen gnadenreicher Hände ...«

Hochosterwitz

Du bist ein Trutzbild wie aus Stein gehauen,
der blanke Fels hebt dich zum Licht empor.
Bewehrt mit Brüstung, Zinnen, Turm und Tor,
vermag der Fremdling dich in Ehrfurcht schauen.

An deinen Mauern brachen sich die Scharen
all deiner Feinde, die dich je berannt.
So mögest du auch fürderhin das Land,
mit ihm das Volk vor Unglück treu bewahren!

Ich reite stumm, laß meinem Roß die Zügel,
daß es die Erde sanfter hier berühr'.
Mein Fuß wird schwer, er hält sich fest im Bügel.

Mit jedem Hufschlag ich Geschichte spür'.
Der Maultasch Geist schläft unter erd'gem Hügel,
und Schenk von Osterwitz klappt sein Visier.

Burg Hochosterwitz
»... ein Trutzbild wie aus Stein gehauen ...«

Herzogstuhl

Du bist aus Stein, um den sich Mären ranken,
doch strömt aus deinen Adern Lebenshauch.
Vom Tauernfirn im Norden eint' dein Brauch
das Land einst hin bis zu den Karawanken.

Dein Rücken trug den Fürsten unsrer Marken;
er beugte nie sich einem fremden Herrn.
Nie sollen Fremde dieses Land begehr'n!
Bleib Stütze du den Treuen und den Starken!

Hier in des Karantanenlandes Mitte
hielt einst der Herzog hoch von dir Gericht
nach heil'gem Brauch und nach der Väter Sitte,

vergab die Lehen, wie's gebot die Pflicht.
Mit Ehrfurcht nur nah'n dir sich meine Schritte,
weil tief aus dir des Landes Seele spricht.

Herzogstuhl
»... dein Rücken trug den Fürsten unsrer Marken ...«

Maria Saal

Du bist die Mutter unsrer Kathedralen.
Wie eine Schwurhand ragst du himmelan.
An deinen Türmen bricht der Welten Wahn,
wenn hell sie leuchten in der Sonne Strahlen.

In deinen Mauern schlummern fromme Sagen,
und weit ins Land hin kündet dein Geläut,
das seine Klänge auf die Fluren streut,
von längst vergang'ner Zeiten schweren Tagen.

Ich trete ein. Dort, wo Modestus ruht,
versinkt um mich des Alltags Zank und Streit.
Ein wundersam' Gefühl, wie wohl das tut!

Ich spür' ergriffen die Geborgenheit.
Ich fühl' mich frei und fasse neuen Mut
und bin von jeder schweren Last befreit.

Dom zu Maria Saal
»... an deinen Türmen bricht der Welten Wahn ...«

Virunum

Du bist die Mitte seit den früh'sten Tagen,
schon Civitas im alten Norikum.
Du lebst in uns, wenn du auch heute stumm
und keine Mauern mehr zum Himmel ragen.

Als einst die Legionen niederstiegen
vom Berg, von wo St. Helena heut schaut,
hat man dich hier ins weite Land gebaut.
Wer sollte dich, du stolze, je besiegen?

Wohl war dir eine Zeit das Glück gewogen;
bis hin zur Donau reichte deine Macht;
doch hat das Schicksal dann auch dich betrogen

und breitete auch über dich die Nacht.
Hoch schlugen über dich des Krieges Wogen. –
Nur noch dein Name zeugt von einst'ger Pracht.

Funde aus Virunum im Kärntner Landesmuseum
»... schon Civitas im alten Norikum ...«

MEIN LIEBER

Karnburg

Du bist die Wiege unserm Kärntnerlande,
vom Karantanerfürsten hier erbaut.
Wo heut dein Kirchlein in die Weite schaut,
schweift unser Blick bis zu des Zollfelds Rande.

Aus deinen Mauern treten die Gestalten,
die einst Geschichte schrieben hierzuland.
Der nahe Fürstenstein am Wegesrand
erzählte uns von manchem Schicksalswalten.

Ein leises Raunen webt hier durch die Fluren,
von Kaiser Arnulfs festlich Weihnachtsmahl,
von heil'gem Brauch versunkener Kulturen.

Und weit von drüben übers breite Tal,
über Virunums schlafende Lemuren
klingt das Geläute von Maria Saal.

Karnburg
»Du bist die Wiege unserm Kärntnerlande …«

Magdalensberg

Du bist ein Rätsel, das nur schwer zu lösen.
Aus deinem Weichbild blickt Vergangenheit.
Es ist, als stünde stille hier die Zeit;
aus alten Steinen nur spricht stumm dein Wesen.

Den Kelten gabst du einstmals Schutz und Segen,
von weither zog der Händler fremde Schar,
Roms Legionen wehrten der Gefahr.
Doch plötzlich kam die Nacht auf dunklen Wegen.

Des Ostens Horden löschten jäh die Lichter,
in Schutt und Asche fiel dein frühes Glück.
Wo war'n die Rächer, der Geschichte Richter?

Verschollen und vergessen dein Geschick.
Nach tausend Jahren erst wird's um dich lichter:
ein Jüngling bringt das Lächeln dir zurück.

Der Jüngling vom Magdalensberg
»... ein Jüngling bringt das Lächeln dir zurück.«

Ulrichsberg

Du bist gleich einem Eiland in den Stürmen
der wilden Brandung im Gezeitenlauf.
Die weiten Hügel wogen um dich auf,
als wollten deine Ufer sie beschirmen.

Du stehst als treuer Wächter stolz inmitten,
»mons carantanus« einstmals und auch heut;
du weißt um bittere Not und herbes Leid
der vielen, die für unser Land gestritten.

Isis noreja trugst du einst mit Würde
und bliebst Jahrtausende ein Heiligtum,
bist den Vierbergern eine fromme Hürde.

Bewahr den toten Helden ihren Ruhm!
Mit deinem Kreuz trägst du heut neue Bürde,
weit in die Lande mahnend, erst und stumm.

Ulrichsberg
»... ›mons carantanus‹ einstmals und auch heut ...«

Vierbergelauf

Du bist weit mehr als Wallfahrt nur und Sitte;
du bist ein Teil des Landes seit Beginn.
Es zieh'n Jahrtausende mit dir dahin;
der Ahnen Geist begleitet unsre Schritte.

Hoch von des Magdalensbergs heil'ger Stätte
zum Ulrichsberg zu Isis Ehr' und Ruhm
und steil hinauf zu Veitsbergs Heiligtum,
schließt am Lorenziberg die fromme Kette.

Gewähr' uns müden Pilgern deine Gnade;
schenk Bärlapp, Efeu, Buchsbaum, Kranewit,
daß uns kein Unheil und kein Wetter schade!

Verleihe Ehrfurcht uns auf jedem Schritt,
und gib den Kindern dort am Saum der Pfade
auch einen Teil von deinem Segen mit.

Die Vierbergler
»... es zieh'n Jahrtausende mit dir dahin ...«

Karawankenkette

Du bist des Landes Grenzsaum dort im Süden,
emporgetürmt von Gottes eig'ner Hand.
Beschütze weiterhin das Volk und Land
vor jedem Feind und wahr' den innern Frieden!

Wenn noch am Abend deine Gipfel glühen,
ist dies wohl mehr als nur ein Gruß ins Tal;
es ist uns stets ein flammendes Fanal,
wenn wir von später Bergfahrt heimwärts ziehen.

Dann können deinem Bann wir nicht entrinnen;
wir schau'n voll Dankbarkeit zu deinen Höh'n
und kehren ein zu freudigem Besinnen:

Auch in Äonen noch sollst du so stehn,
wie sehr auch deine turmbewehrten Zinnen
der schweren Zeiten Stürme wild umweh'n!

Wörther See mit Karawanken
»Du bist des Landes Grenzsaum dort im Süden …«

Rosental

Du bist, am Fuß der Karawankenkette,
des Kärntnerlandes südlichstes Gefild.
Wer möchte ahnen, daß dein friedlich' Bild
oft Zeuge war so mancher Kampfesstätte.

Voll Inbrunst hat man oft schon dich besungen,
dich, Tal der Treuen, wo »die Leut' so fein«.
Dein Lied drang in die Kärntnerherzen ein,
wo immer auch im Lande es erklungen.

Wenn wir mit trunk'nen Augen niederschauen
hoch von der Sattnitz Höhen rings im Kreis
auf deine Felder und des Draustroms Auen,

auf Bauernkraft und Ferlachs Bürgerfleiß,
dann leuchten von der Grenze her die blauen
und nahen Gipfel dir zu Ehr' und Preis.

Rosental vom Rupertiberg
»... des Kärntnerlandes südlichstes Gefild ...«

Völkermarkt

Du bist, als altes Forum auserkoren,
hineingestellt in Kärntens weite Flur.
Was immer auch an Leid dir widerfuhr,
du hieltest stand und gabst dich nie verloren.

Weit dehnen sich um dich die sanften Höhen
bis zu Juennas altem Heiligtum.
Ihr Name nur noch kündet ihren Ruhm
und gab ihn deinem schönen Tal zu Lehen.

Bleib weiterhin die starke Zitadelle
wie einst in unsres Landes schwerster Zeit!
Und deiner Heldenglocke Festgeläut

soll uns ermahnen mit des Klanges Helle,
daß auch in Zukunft stets wir sind bereit
zu wehren jeder sturmgepeitschten Welle.

Stausee bei Völkermarkt
»... bereit zu wehren jeder sturmgepeitschten Welle.«

Lavanttal

Du bist die heit're Flur, des Landes Morgen.
Gesegnet von Pomonens güt'ger Hand,
läßt du, von Kärntens Himmel überspannt,
dich von des Südens Winden sanft umsorgen.

Hoch von der Kor- und Saualm hellen Matten
schweift unser Blick hinab ins breite Tal,
auf reiches Blüh'n und Reifen überall
und auf der Wälder dunkelgrüne Schatten.

Aus grauen Mauern künden uns Legenden
von alten Klöstern, fromm und glaubensstark,
und manches Bild aus Switberts Meisterhänden

zeigt uns die Kraft und Anmut unsrer Mark.
Vergang'ne Zeit spricht aus vergilbten Bänden
von Bamberg und von Henkel-Donnersmarck.

Lavanttal
»… die heit're Flur, des Landes Morgen …«

Kärntner Seele

Du bist geheimnisvoll mit tiefen Gründen,
doch nur für den, der nicht dein Wesen kennt.
Wer nie gefühlt, wie Heimatliebe brennt,
wird nie den Weg in deine Tiefe finden.

Wer nie der Grenze Not und Leid erfahren,
der kann und will dich niemals richtig seh'n.
Der Kärntner nur allein kann dich versteh'n,
ihm kann sich dein Geheimnis offenbaren.

Laß nie von Fremden dich analysieren!
Sei achtsam allzeit, bleib dir selber treu
und bleibe standhaft, will man dich verführen;

denn nur du selbst erkennst dich stets aufs neu'!
Dann bleibst du, ohne dich selbst zu verlieren,
wie unser Land auch ungeteilt und frei.

»Du bist geheimnisvoll mit tiefen Gründen …«

Kärntner Lied

Du bist wie Balsam auf das Weh der Ferne,
ein milder Hauch, der uns in Träume wiegt,
ein Heimatlächeln, das uns alles gibt:
der Erde Dunkel und das Licht der Sterne.

In deinen Worten lebt das Land der Lieder,
das seine Anmut deinen Weisen lieh;
gleich seinen Hügeln schwebt die Melodie
empor zur Höh' und senkt sich lächelnd nieder.

Die lichten Felder schenkten dir die Freude,
die dunklen Seen der Schwermut düstern Sinn.
Du wärst nicht unser Lied, gäb' es nicht beide.

Ich gäbe viele andre für dich hin.
Drum singt mir, wenn dereinst ich von hier scheide,
noch einmal deine sanften Melodien.

»… ein milder Hauch, der uns in Träume wiegt …«

Kärntnergewand

Du bist für uns ein kostbar teurer Rahmen,
zeigst unverfälscht des Kärntners wahres Bild.
Sooft dein Tuch mit Würde uns umhüllt,
verkündest stolz du unsres Landes Namen.

Dein Loden gleicht dem Braun der Heimaterde,
dein Saum verkündet unser grünend' Land.
Du bist nicht nur des Kärntners Festgewand;
denn wer dich trägt, dem bist du auch Gebärde.

Er zeigt mit dir sein echtes, inn'res Wesen,
und so wie dich zieht's ihn zu Kärnten hin.
Ich kann und will von dir mich nimmer lösen;

ich fühl mich eins mit dir in meinem Sinn.
Von Unrast kann ich leicht durch dich genesen.
Ich tag dich gern, weil ich ein Kärntner bin.

Kärntner Sänger
»... wer dich trägt, dem bist du auch Gebärde ...«

Bänderhut

Du bist auch ohne Gold wie eine Krone,
ein edler Reif, dem kaum ein andrer gleicht,
bleibst unter deinesgleichen unerreicht
auf einem majestätisch hohen Throne.

In deiner Schlichtheit zeigt sich deine Größe,
geheimnisvoll umkränzt du Stirn und Haar;
es ist, als ob dein wallend' Bänderpaar
ein sanfter Hauch aus dunklem Knoten löse.

Froh flattern deine Bänder weit im Winde,
verleihen Flügel deiner Trägerin.
Wenn sie sich wiegt im Tanze an der Linde,

schwebt sie erhaben über allem hin.
Geadelt scheint sie durch die stolze Binde;
aus dir spricht Anmut und ein keuscher Sinn.

Bänderhut
»... aus dir spricht Anmut und ein keuscher Sinn.«

Kärntner Goldhaube

Du bist nicht Schmuck nur und des Hauptes Zier,
bist mehr als Hut, als Haube und Barett;
denn du verleihst der Frau ein Etikett,
machst sie erhaben über jede Kür.

Aus deinem dunklen Saum spricht Stolz und Würde;
dein pures Gold strahlt helle Zuversicht,
ein Diadem, aus dem die Klarheit spricht,
das Wissen um die große Ehr' und Bürde.

Die Frau, die würdig dich zu tragen weiß,
ist unter ihresgleichen Majestät,
ist Königin im königlichen Kreis,

ein edles Glied, das keinen Fehl verrät.
Du kündest Heimatsinn und Bürgerfleiß,
von einem Hauch von Ehrfurcht leis umweht.

Kärntner Goldhaube
»... ein Diadem, aus dem die Klarheit spricht ...«

Kärntner Bergbauer

Du bist ein Stück der steilen Bergeslehnen.
Der Götze Fortschritt und der Städte Hast,
sie haben deine Höh'n noch nicht erfaßt;
zu dir herauf dringt nicht der Täler Dröhnen.

Doch deine Ruhe mußt du hoch bezahlen
mit harter Arbeit und mit kargem Lohn.
Wer weiß, wie lange wird wohl noch dein Sohn
das eig'ne Korn in eig'ner Mühle mahlen?

Blüh'n auch an deinen Leiten keine Reben,
geht scheinbar auch die Zeit an dir vorbei,
träumst manchmal du von einem schöner'n Leben,

glaub' nicht, im Tale unten sei stets Mai!
Denn eines ist dir trotz der Müh' gegeben:
Hoch über allen Tälern bist du frei!

Bergbauernhof bei Heiligenblut
»... zu dir herauf dringt nicht der Täler Dröhnen ...«

Kärntner Windischer

Du bist kein Fremder hier an unserm Herde,
wenn auch dein Mund in andrer Zunge spricht;
denn das Gemeinsame hat mehr Gewicht,
uns trägt die gleiche teure Heimaterde.

Wenn Fremde unser Kärntnerland bedrohten,
bedrückte es auch dich genau so schwer;
du standest auf zu aller Schutz und Wehr,
bis von den Höh'n die Freiheitsfeuer lohten.

So mögen deine Linden mit den Eichen
auch weiterhin in Treu' zusammensteh'n
und allen Stürmen trotzen und nicht weichen!

Laß uns gemeinsam unsre Wege geh'n!
Wie bisher sollen uns als Freundschaftszeichen
hoch über uns die Kärntnerfahnen weh'n!

Kufenstechen im Gailtal
»... mögen deine Linden mit den Eichen
auch weiterhin in Treu' zusammensteh'n ...«

1918
Kärntner Freiheitskampf
1919
Villach
Bleiburg
Abstimmungsgebiet

Kärntner Abwehrkämpfer

Du bist ein Mahnmal aus vergang'nen Tagen
und manchem Zeitgenossen nicht genehm.
Auf deiner Fahne aber steht »Trotzdem«
und uns ermahnend, niemals zu verzagen.

Verkünde uns, wie einst in schwerer Stunde
das liebe Kärntnerland bereit dich fand,
wie du dein Leben gabst als Unterpfand
und tapfer trugst an mancher tiefen Wunde.

Welch Schicksal wär' uns heute wohl beschieden,
wenn du nicht, Mutiger, gewesen wärst?
Wie stünde es um unsrer Heimat Frieden?

Wenn du auch heute keinen Dank erfährst,
hat doch das Schicksal längst für dich entschieden.
Wir danken dir, der du so viel entbehrst!

Kärntner Freiheitskampf
»... wie einst das liebe Kärntnerland bereit dich fand ...«

10. Oktober 1920

Du bist der herrlichste all unsrer Tage,
ein helles Licht in unsrer dunklen Zeit.
So strahle denn aus der Vergangenheit,
damit dein Leuchten auch die Zukunft trage!

Laß niemals uns die Nacht vor dir vergessen!
Ermahne uns und laß uns einig sein!
Nie möge Zwietracht unser Volk entzwei'n!
An inn'rer Kraft mag uns das Schicksal messen.

Bleib Mahnung uns an Kärntens größte Stunde!
Entfach die Heimatliebe stets aufs neu'!
Erzähl auch unsern Enkeln noch die Kunde

von ihrer Väter Opfermut und Treu'!
Dann aber schließ die alte, tiefe Wunde
und laß das Land uns ungeteilt und frei!

»... ein helles Licht in unsrer dunklen Zeit ...«

Kärntner Heimatlied

Du bist das Echo aller unsrer Lieder,
all unser Sinnen ist in dich gelegt;
was je ein Kärntnerherz zutiefst bewegt,
klingt aus den Worten, deiner Weise wider.

Von Glockners Firn bis zu Pomonens Milde,
von Nordgaus weitgestrecktem Alpenland
bis hin zur schroffen Karawankenwand
erblüh'n in dir die kärntischen Gefilde.

Die Heimatliebe hat dich einst geschrieben;
der harte Kampf erweckte dich aufs neu'.
In hellen Tagen, wie auch in den trüben,

du bist in mir. Denn du warst auch dabei,
als unser Land dem Kärntnervolk geblieben
in Not durch Mannesmut und Frauentreu'.

»... erblüh'n in dir die kärntischen Gefilde ...«

Inhaltsverzeichnis